KAKEIBO 2020

Mon Carnet de Comptes

Carnet de

_____

Janvier 2020
Mes revenus

Provenance	Montant

TOTAL DES REVENUS	€

Mes dépenses fixes

Provenance	Montant

TOTAL DES DÉPENSES FIXES	€

Mes économies

Combien je souhaite économiser:_____ €

Restant pour dépenser ce mois-ci:

Revenus		Dépenses fixes		Économie souhaitée

Mon budget mensuel disponible

€

Prévision des dépenses hebdomadaires

	Semaine 1	Semaine 2	Semaine 3	Semaine 4
Prévision	€	€	€	€
Réel	€	€	€	€

Objectif économique du mois:

_____

_____

_____

_____

_____

Mes Dépenses (Janvier)

Dépenses mensuelles

Date	Description	Catégorie	Montant
			€
			€
			€
			€
			€
			€
			€
			€
			€
			€
			€
			€
			€
			€
			€
			€
			€
			€
			€
			€
			€
			€

| | TOTAL DES DÉPENSES | € |

Bilan

Argent disponible en début de mois: €

Argent dépensé sur le mois: €

Argent économisé: €

Mon compte en banque

| Solde Décembre 2019 | **+** | Revenus Janvier | **−** | Dépenses Janvier |

=

Solde Janvier 2020

€

Notes et Roue des dépenses

_ _ _ _ _ _ _ _ _ _ _ _ _ _ _ _ _

_ _ _ _ _ _ _ _ _ _ _ _ _ _ _ _ _

_ _ _ _ _ _ _ _ _ _ _ _ _ _ _ _ _

_ _ _ _ _ _ _ _ _ _ _ _ _ _ _ _ _

_ _ _ _ _ _ _ _ _ _ _ _ _ _ _ _ _

_ _ _ _ _ _ _ _ _ _ _ _ _ _ _ _ _

_ _ _ _ _ _ _ _ _ _ _ _ _ _ _ _ _

_ _ _ _ _ _ _ _ _ _ _ _ _ _ _ _ _

_ _ _ _ _ _ _ _ _ _ _ _ _ _ _ _ _

Février 2020
Mes revenus

Provenance	Montant

TOTAL DES REVENUS | €

Mes dépenses fixes

Provenance	Montant

TOTAL DES DÉPENSES FIXES | €

Mes économies

Combien je souhaite économiser:_____ €

Restant pour dépenser ce mois-ci:

Revenus	−	Dépenses fixes	−	Économie souhaitée

=

Mon budget mensuel disponible

€

Prévision des dépenses hebdomadaires

	Semaine 1	Semaine 2	Semaine 3	Semaine 4
Prévision	€	€	€	€
Réel	€	€	€	€

Objectif économique du mois:

_____

_____

_____

_____

_____

Mes Dépenses (Février)

Dépenses mensuelles

Date	Description	Catégorie	Montant
			€
			€
			€
			€
			€
			€
			€
			€
			€
			€
			€
			€
			€
			€
			€
			€
			€
			€
			€
			€
			€
			€

TOTAL DES DÉPENSES €

Bilan

Argent disponible en début de mois: €

Argent dépensé sur le mois: €

Argent économisé: €

Mon compte en banque

| Solde Janvier | **+** | Revenus Février | **−** | Dépenses Février |

Solde Février 2020

€

Notes et Roue des dépenses

— — — — — — — — — — — — — — — — — —

— — — — — — — — — — — — — — — — — —

— — — — — — — — — — — — — — — — — —

— — — — — — — — — — — — — — — — — —

— — — — — — — — — — — — — — — — — —

— — — — — — — — — — — — — — — — — —

— — — — — — — — — — — — — — — — — —

— — — — — — — — — — — — — — — — — —

Mars 2020
Mes revenus

Provenance	Montant

TOTAL DES REVENUS | € |

Mes dépenses fixes

Provenance	Montant

TOTAL DES DÉPENSES FIXES | € |

Mes économies

Combien je souhaite économiser:_____ €

Restant pour dépenser ce mois-ci:

Revenus	—	Dépenses fixes	—	Économie souhaitée

=
=

Mon budget mensuel disponible
€

Prévision des dépenses hebdomadaires

	Semaine 1	Semaine 2	Semaine 3	Semaine 4
Prévision	€	€	€	€
Réel	€	€	€	€

Objectif économique du mois:

_____

_____

_____

_____

_____

Mes Dépenses (Mars)

Dépenses mensuelles

Date	Description	Catégorie	Montant
			€
			€
			€
			€
			€
			€
			€
			€
			€
			€
			€
			€
			€
			€
			€
			€
			€
			€
			€
			€
			€
			€
			€

TOTAL DES DÉPENSES   €

Bilan

Argent disponible en début de mois: €

Argent dépensé sur le mois: €

Argent économisé: €

Mon compte en banque

| Solde Février | ＋ | Revenus Mars | － | Dépenses Mars |

$$=$$

| Solde Mars 2020 |
| € |

Notes et Roue des dépenses

– – – – – – – – – – – – – – – – –

– – – – – – – – – – – – – – – – –

– – – – – – – – – – – – – – – – –

– – – – – – – – – – – – – – – – –

– – – – – – – – – – – – – – – – –

– – – – – – – – – – – – – – – – –

– – – – – – – – – – – – – – – – –

– – – – – – – – – – – – – – – – –

– – – – – – – – – – – – – – – – –

Avril 2020

Mes revenus

Provenance	Montant

TOTAL DES REVENUS | €

Mes dépenses fixes

Provenance	Montant

TOTAL DES DÉPENSES FIXES | €

Mes économies

Combien je souhaite économiser:_____ €

Restant pour dépenser ce mois-ci:

Revenus	−	Dépenses fixes	−	Économie souhaitée

Mon budget mensuel disponible
€

Prévision des dépenses hebdomadaires

	Semaine 1	Semaine 2	Semaine 3	Semaine 4
Prévision	€	€	€	€
Réel	€	€	€	€

Objectif économique du mois:

_____

_____

_____

_____

_____

Mes Dépenses (Avril)

Dépenses mensuelles

Date	Description	Catégorie	Montant
			€
			€
			€
			€
			€
			€
			€
			€
			€
			€
			€
			€
			€
			€
			€
			€
			€
			€
			€
			€

TOTAL DES DÉPENSES _____ €

Bilan

Argent disponible en début de mois: €

Argent dépensé sur le mois: €

Argent économisé: €

Mon compte en banque

| Solde Mars | + | Revenus Avril | − | Dépenses Avril |

=

| Solde Avril 2020 |
| € |

Notes et Roue des dépenses

_____

_____

_____

_____

_____

_____

_____

_____

Mai 2020

Mes revenus

Provenance	Montant

TOTAL DES REVENUS · [ ] €

Mes dépenses fixes

Provenance	Montant

TOTAL DES DÉPENSES FIXES · [ ] €

Mes économies

Combien je souhaite économiser: _____ €

Restant pour dépenser ce mois-ci:

Revenus	−	Dépenses fixes	−	Économie souhaitée

=
=

Mon budget mensuel disponible

€

Prévision des dépenses hebdomadaires

	Semaine 1	Semaine 2	Semaine 3	Semaine 4
Prévision	€	€	€	€
Réel	€	€	€	€

Objectif économique du mois:

_____

_____

_____

_____

_____

Mes Dépenses (Mai)

Dépenses mensuelles

Date	Description	Catégorie	Montant
			€
			€
			€
			€
			€
			€
			€
			€
			€
			€
			€
			€
			€
			€
			€
			€
			€
			€
			€
			€
			€
			€
			€

TOTAL DES DÉPENSES	€

Bilan

Argent disponible en début de mois: €

Argent dépensé sur le mois: €

Argent économisé: €

Mon compte en banque

Solde Avril		Revenus Mai		Dépenses Mai
	+		**–**	

=

Solde Mai 2020

€

Notes et Roue des dépenses

— — — — — — — — — — — — — — — —

— — — — — — — — — — — — — — — —

— — — — — — — — — — — — — — — —

— — — — — — — — — — — — — — — —

— — — — — — — — — — — — — — — —

— — — — — — — — — — — — — — — —

— — — — — — — — — — — — — — — —

— — — — — — — — — — — — — — — —

— — — — — — — — — — — — — — — —

Juin 2020
Mes revenus

Provenance	Montant

TOTAL DES REVENUS | | € |

Mes dépenses fixes

Provenance	Montant

TOTAL DES DÉPENSES FIXES | | € |

Mes économies

Combien je souhaite économiser: _____ €

Restant pour dépenser ce mois-ci:

Revenus		Dépenses fixes		Économie souhaitée

Mon budget mensuel disponible

€

Prévision des dépenses hebdomadaires

	Semaine 1	Semaine 2	Semaine 3	Semaine 4
Prévision	€	€	€	€
Réel	€	€	€	€

Objectif économique du mois:

_____

_____

_____

_____

_____

Mes Dépenses (Juin)

Dépenses mensuelles

Date	Description	Catégorie	Montant
			€
			€
			€
			€
			€
			€
			€
			€
			€
			€
			€
			€
			€
			€
			€
			€
			€
			€
			€
			€
			€
			€

TOTAL DES DÉPENSES   €

Bilan

Argent disponible en début de mois: €

Argent dépensé sur le mois: €

Argent économisé: €

Mon compte en banque

Solde Mai	**+**	Revenus Juin	**—**	Dépenses Juin

=

Solde Juin 2020
€

Notes et Roue des dépenses

_____

_____

_____

_____

_____

_____

_____

_____

_____

Juillet 2020
Mes revenus

Provenance	Montant

TOTAL DES REVENUS | € |

Mes dépenses fixes

Provenance	Montant

TOTAL DES DÉPENSES FIXES | € |

Mes économies

Combien je souhaite économiser: _____ €

Restant pour dépenser ce mois-ci:

Revenus		Dépenses fixes		Économie souhaitée

Mon budget mensuel disponible
€

Prévision des dépenses hebdomadaires

	Semaine 1	Semaine 2	Semaine 3	Semaine 4
Prévision	€	€	€	€
Réel	€	€	€	€

Objectif économique du mois:

_____

_____

_____

_____

_____

Mes Dépenses (Juillet)

Dépenses mensuelles

Date	Description	Catégorie	Montant
			€
			€
			€
			€
			€
			€
			€
			€
			€
			€
			€
			€
			€
			€
			€
			€
			€
			€
			€
			€
			€
			€

TOTAL DES DÉPENSES   €

Bilan

Argent disponible en début de mois: €

Argent dépensé sur le mois: €

Argent économisé: €

Mon compte en banque

| Solde Juin | + | Revenus Juillet | − | Dépenses Juillet |

=

Solde Juillet 2020

€

Notes et Roue des dépenses

_____

_____

_____

_____

_____

_____

_____

_____

Aout 2020
Mes revenus

Provenance	Montant

TOTAL DES REVENUS | €

Mes dépenses fixes

Provenance	Montant

TOTAL DES DÉPENSES FIXES | €

Mes économies

Combien je souhaite économiser:_____ €

Restant pour dépenser ce mois-ci:

Revenus	−	Dépenses fixes	−	Économie souhaitée

Mon budget mensuel disponible

€

Prévision des dépenses hebdomadaires

	Semaine 1	Semaine 2	Semaine 3	Semaine 4
Prévision	€	€	€	€
Réel	€	€	€	€

Objectif économique du mois:

_____

_____

_____

_____

_____

Mes Dépenses (Aout)

Dépenses mensuelles

Date	Description	Catégorie	Montant
			€
			€
			€
			€
			€
			€
			€
			€
			€
			€
			€
			€
			€
			€
			€
			€
			€
			€
			€
			€
			€
			€

TOTAL DES DÉPENSES	€

Bilan

Argent disponible en début de mois: €

Argent dépensé sur le mois: €

Argent économisé: €

Mon compte en banque

| Solde Juillet | + | Revenus Aout | − | Dépenses Aout |

=

| Solde Aout 2020 |
| € |

Notes et Roue des dépenses

_ _ _ _ _ _ _ _ _ _ _ _ _ _ _ _ _ _ _

_ _ _ _ _ _ _ _ _ _ _ _ _ _ _ _ _ _ _

_ _ _ _ _ _ _ _ _ _ _ _ _ _ _ _ _ _ _

_ _ _ _ _ _ _ _ _ _ _ _ _ _ _ _ _ _ _

_ _ _ _ _ _ _ _ _ _ _ _ _ _ _ _ _ _ _

_ _ _ _ _ _ _ _ _ _ _ _ _ _ _ _ _ _ _

_ _ _ _ _ _ _ _ _ _ _ _ _ _ _ _ _ _ _

_ _ _ _ _ _ _ _ _ _ _ _ _ _ _ _ _ _ _

Septembre 2020

Mes revenus

Provenance	Montant

TOTAL DES REVENUS | €

Mes dépenses fixes

Provenance	Montant

TOTAL DES DÉPENSES FIXES | €

Mes économies

Combien je souhaite économiser:_____ €

Restant pour dépenser ce mois-ci:

Revenus		Dépenses fixes		Économie souhaitée

Mon budget mensuel disponible

€

Prévision des dépenses hebdomadaires

	Semaine 1	Semaine 2	Semaine 3	Semaine 4
Prévision	€	€	€	€
Réel	€	€	€	€

Objectif économique du mois:

_____

_____

_____

_____

_____

Mes Dépenses (Septembre)

Dépenses mensuelles

Date	Description	Catégorie	Montant
			€
			€
			€
			€
			€
			€
			€
			€
			€
			€
			€
			€
			€
			€
			€
			€
			€
			€
			€
			€
			€

TOTAL DES DÉPENSES   €

Bilan

Argent disponible en début de mois: €

Argent dépensé sur le mois: €

Argent économisé: €

Mon compte en banque

Solde Aout	+	Revenus Septembre	−	Dépenses Septembre

=

Solde Septembre 2020

Notes et Roue des dépenses

_____

_____

_____

_____

_____

_____

_____

_____

_____

Octobre 2020
Mes revenus

Provenance	Montant

TOTAL DES REVENUS [   ] €

Mes dépenses fixes

Provenance	Montant

TOTAL DES DÉPENSES FIXES [   ] €

Mes économies (Octobre)

Combien je souhaite économiser: _____ €

Restant pour dépenser ce mois-ci:

Revenus		Dépenses fixes		Économie souhaitée

Mon budget mensuel disponible

€

Prévision des dépenses hebdomadaires

	Semaine 1	Semaine 2	Semaine 3	Semaine 4
Prévision	€	€	€	€
Réel	€	€	€	€

Objectif économique du mois:

_____

_____

_____

_____

_____

Mes Dépenses

Dépenses mensuelles

Date	Description	Catégorie	Montant
			€
			€
			€
			€
			€
			€
			€
			€
			€
			€
			€
			€
			€
			€
			€
			€
			€
			€
			€
			€
			€
			€

TOTAL DES DÉPENSES   €

Bilan

Argent disponible en début de mois: €

Argent dépensé sur le mois: €

Argent économisé: €

Mon compte en banque

Solde Septembre	**+**	Revenus Octobre	**−**	Dépenses Octobre

$$=$$

Solde Octobre 2020
€

Notes et Roue des dépenses

_ _ _ _ _ _ _ _ _ _ _ _ _ _ _ _ _ _ _ _

_ _ _ _ _ _ _ _ _ _ _ _ _ _ _ _ _ _ _ _

_ _ _ _ _ _ _ _ _ _ _ _ _ _ _ _ _ _ _ _

_ _ _ _ _ _ _ _ _ _ _ _ _ _ _ _ _ _ _ _

_ _ _ _ _ _ _ _ _ _ _ _ _ _ _ _ _ _ _ _

_ _ _ _ _ _ _ _ _ _ _ _ _ _ _ _ _ _ _ _

_ _ _ _ _ _ _ _ _ _ _ _ _ _ _ _ _ _ _ _

_ _ _ _ _ _ _ _ _ _ _ _ _ _ _ _ _ _ _ _

Novembre 2020
Mes revenus

Provenance	Montant

TOTAL DES REVENUS | € |

Mes dépenses fixes

Provenance	Montant

TOTAL DES DÉPENSES FIXES | € |

Mes économies

Combien je souhaite économiser:_____ €

Restant pour dépenser ce mois-ci:

Revenus		Dépenses fixes		Économie souhaitée

$$=$$

Mon budget mensuel disponible
€

Prévision des dépenses hebdomadaires

	Semaine 1	Semaine 2	Semaine 3	Semaine 4
Prévision	€	€	€	€
Réel	€	€	€	€

Objectif économique du mois:

_____

_____

_____

_____

_____

Mes Dépenses (Novembre)

Dépenses mensuelles

Date	Description	Catégorie	Montant
			€
			€
			€
			€
			€
			€
			€
			€
			€
			€
			€
			€
			€
			€
			€
			€
			€
			€
			€
			€
			€
			€

TOTAL DES DÉPENSES   €

Bilan

Argent disponible en début de mois: €

Argent dépensé sur le mois: €

Argent économisé: €

Mon compte en banque

Solde Octobre	$+$	Revenus Novembre	$-$	Dépenses Novembre

$=$

Solde Novembre 2020

Notes et Roue des dépenses

- -

- -

- -

- -

- -

- -

- -

- -

Décembre 2020
Mes revenus

Provenance	Montant

TOTAL DES REVENUS   €

Mes dépenses fixes

Provenance	Montant

TOTAL DES DÉPENSES FIXES   €

Mes économies

Combien je souhaite économiser: _____ €

Restant pour dépenser ce mois-ci:

Revenus		Dépenses fixes		Économie souhaitée

$$=$$

Mon budget mensuel disponible
€

Prévision des dépenses hebdomadaires

	Semaine 1	Semaine 2	Semaine 3	Semaine 4
Prévision	€	€	€	€
Réel	€	€	€	€

Objectif économique du mois:

_____

_____

_____

_____

_____

Mes Dépenses (Décembre)

Dépenses mensuelles

Date	Description	Catégorie	Montant
			€
			€
			€
			€
			€
			€
			€
			€
			€
			€
			€
			€
			€
			€
			€
			€
			€
			€
			€
			€
			€
			€

TOTAL DES DÉPENSES   €

Bilan

Argent disponible en début de mois: €

Argent dépensé sur le mois: €

Argent économisé: €

Mon compte en banque

Solde Novembre	**+**	Revenus Décembre	**−**	Dépenses Décembre

=

Solde Décembre 2020

€

Notes et Roue des dépenses

_ _ _ _ _ _ _ _ _ _ _ _ _ _ _ _ _

_ _ _ _ _ _ _ _ _ _ _ _ _ _ _ _ _

_ _ _ _ _ _ _ _ _ _ _ _ _ _ _ _ _

_ _ _ _ _ _ _ _ _ _ _ _ _ _ _ _ _

_ _ _ _ _ _ _ _ _ _ _ _ _ _ _ _ _

_ _ _ _ _ _ _ _ _ _ _ _ _ _ _ _ _

_ _ _ _ _ _ _ _ _ _ _ _ _ _ _ _ _

_ _ _ _ _ _ _ _ _ _ _ _ _ _ _ _ _

_ _ _ _ _ _ _ _ _ _ _ _ _ _ _ _ _

Prévision Année 2021

Objectifs Année 2021

www.ingramcontent.com/pod-product-compliance
Lightning Source LLC
Chambersburg PA
CBHW030534220526
45463CB00007B/2831